AF283891

El arte de hablar sobre el amor

Platón

El arte de hablar sobre el amor

Un manual de sabiduría clásica para amantes modernos

Selección de *El banquete*

Título original: *How to talk about love*
© Armand D'Angour 2025
© de la traducción del inglés y del latín, Jacinto Pariente, 2025
© Ediciones Koan, s.l., 2025
c/ Mar Tirrena, 5, 08912 Badalona
www.koanlibros.com • info@koanlibros.com
ISBN: 978-84-10358-19-5 • Depósito legal: B-14823-2025
Diseño de cubiertas de colección: Claudia Burbano de Lara
Maquetación: Cuqui Puig

Impresión y encuadernación: Liberdúplex
Impreso en España / *Printed in Spain*

1ª edición, septiembre de 2025

ÍNDICE

INTRODUCCIÓN

HABLAR SOBRE EL AMOR

¿Cómo hablar sobre el amor? El amor es sentimiento, emoción, creencia y conducta. Es un fenómeno psicológico, una energía irresistible, una parte indispensable de la vida y mucho más. Cada cultura y cada persona habla y piensa sobre él de maneras muy diversas. La poesía amorosa, las canciones, novelas y películas de amor, así como los estudios psicológicos y los ensayos filosóficos, tienen su propia forma de hablar de él. Nos ofrecen el amor analizado, diseccionado, admirado, vituperado y descrito de mil maneras distintas. Cada descripción suscita preguntas con respuestas muy diferentes. ¿Nace de la atracción física? ¿Nos mueve a obrar bien? ¿Qué relación tiene con el sexo? ¿Es el motor del mundo? ¿Es de naturaleza divina?

En la Antigua Grecia también había diversas formas de hablar del amor, aunque partían de la idea de que era, literalmente, divino, pues estaba personificado en el dios Eros (el Cupido de los romanos) o en la diosa Afrodita (la Venus romana). Ambas deidades aparecen muy pronto en la literatura griega, en la *Teogonía*, el catálogo clásico del origen de los dioses del poeta Hesíodo, escrito alrededor del 700 a. C. Por otro lado, la obra de Homero, el poeta griego antiguo más conocido e influyente, cuyas epopeyas, la *Ilíada* y la *Odisea*, son aproximadamente coetáneas de la *Teogonía*, proporcionó a los griegos numerosos temas para pensar y debatir acerca del significado y los mecanismos del amor.

La literatura de Occidente arranca con una historia de amor en la que se mezclan el heroísmo, el dolor y la muerte. Se dice que el desencadenante de la guerra de Troya, el conflicto de fondo de la *Ilíada*, es el Juicio de Paris (o Alejandro), el joven príncipe troyano al que las diosas Hera, Atenea y Afrodita escogen para que juzgue cuál de las tres es la más bella. Para ganarse su favor, cada una le ofrece un regalo. Hera, reina de los dioses, la corona de Europa y Asia; Atenea, diosa de la guerra y de los oficios, sabiduría y destreza; Afrodita, por su parte, le promete el amor de la mujer más bella de la Tierra, Helena de Esparta. Por desgracia, Helena es la esposa de Menelao, rey de Esparta. Durante una visita formal, Paris y Helena se fugan juntos y se refugian en Troya. En la Antigüedad hubo encendidas polémicas acerca de si se había tratado de un rapto o bien los amantes habían escapado de mutuo acuerdo.

Ante el sacrilegio del presunto rapto de la anfitriona por un huésped, Menelao y los griegos se unen en una alianza a las órdenes del rey más poderoso de los aqueos (griegos), Agamenón, que era hermano de Menelao, con el fin de recuperarla. La guerra de Troya, que se libró por una mujer, como señalan con incredulidad los autores griegos posteriores, duró diez años y terminó con la destrucción de la ciudad y la muerte de numerosos héroes en ambos bandos, entre ellos Aquiles, Patroclo, Héctor y el propio Paris.

El amor no es la única causa de la guerra, pero desempeña una función importante en su estallido.

La *Ilíada* comienza cuando el indignado Aquiles, el mejor guerrero de los aqueos, se niega a seguir luchando hasta que Agamenón le devuelva a su concubina Briseida, a la que ha obtenido como botín de guerra y de la que está enamorado. Solo vuelve a las armas cuando Héctor, hermano de Paris, mata en combate a su amado Patroclo. Héctor, a su vez, no tarda en morir a manos de Aquiles, cuya propia muerte tendrá lugar poco después, si bien no aparece en la *Ilíada*.

En la *Odisea*, la otra gran epopeya de Homero, Helena y Menelao se reencuentran en Esparta cuando acaba la guerra. El tema central, no obstante, son las aventuras de Odiseo (Ulises) durante su viaje de vuelta a Ítaca. En la obra aparecen diversas clases de amor. En las islas mágicas de Calipso y Circe, Odiseo disfruta de los placeres del sexo. A pesar de todo, añora a su astuta y fiel esposa, Penélope, y hace lo imposible por volver a ella, cosa que consigue al final. Ese tipo de amor fundado en el compañerismo de Odiseo y Penélope que vemos en la *Odisea* lo encarna en la *Ilíada* el amor conyugal de Andrómaca y el desafortunado Héctor, y el amor entre compañeros de armas de Aquiles y Patroclo.

En la *Odisea* aparece incluso el amor entre un ser humano y un animal. Uno de los momentos más conmovedores es cuando, después de mil aventuras, Odiseo se reencuentra con su perro Argos, aún con vida, pero abandonado sobre un lecho de estiércol. Aunque Odiseo va disfrazado, el viejo y débil perro lo reconoce:

Después de veinte tristes, largos años,
le concedió el destino ver a su amo de nuevo.
La oscuridad cayó sobre sus viejos ojos:
Alegre sacudió la débil cola
y lo llevó la muerte.

En las canciones, la poesía y las fábulas, el amor y la muerte están íntimamente ligados. El vínculo perdura a través de los siglos, como lo demuestra *El banquete* de Platón, donde es un tema recurrente. El amor parece destinado a desembocar en la muerte, pero también posee el poder de trascenderla.

EL AMOR LÍRICO

La obra de Homero fue un punto de partida para que los poetas expresaran sus sentimientos y experiencias amorosas en canciones y relatos. Así fue durante la llamada «época lírica», que abarcó del siglo VII al VI a. C., denominada de esta manera porque los poetas solían cantar sus composiciones acompañándose con la lira. Uno de ellos, Mimnermo, que se hizo famoso alrededor del 630 a. C., escribió una canción de temática amorosa en verso elegíaco (género que se acompañaba del *aulos*, la doble flauta):

> *En ausencia de la rubia Afrodita,*
> *¿qué vida, qué esperanza puede haber?*
> *La muerte es preferible*
> *a una vida carente de los goces de amor,*
> *de los tiernos placeres*
> *con los que resplandece la bella juventud.*

Durante los siglos siguientes, otros poetas líricos como Anacreonte y Alceo compusieron famosas canciones de tema amoroso. Una de las primeras y más destacadas representantes del género es Safo, la famosa poeta y rapsoda de la isla de Lesbos. Sus canciones de amor, muchas de las cuales expresan deseo y fascinación por las jóvenes, son tan sugerentes que cierto autor de la época menciona que al político ateniense Solón, coetáneo de la autora, le gustaban tanto que siempre que su sobrino cantaba una exclamaba: «¡Enséñame esa canción y muera yo luego!».

De la obra de Safo solo han sobrevivido fragmentos, a veces una o dos palabras o una expresiva frase:

> *De nuevo me confunde*
> *Amor, el que disuelve los miembros,*
> *irresistible bestia y agridulce.*
> (Fragmento 130)

> *De amor me tiritaba el corazón*
> *igual que corre el viento en la montaña*
> *agitando los robles.*
> (Fragmento 47)

En esos fragmentos, Eros es la personificación del amor. El término griego *eros*, del que procede, entre otras, nuestra palabra *erotismo*, significa «amor apasionado» o «deseo», una emoción distinta de la que sentimos por los familiares y los seres queridos, que en griego antiguo se denomina *philia*. Safo también menciona a Afrodita con el epíteto de *Cipris* («la de Chipre») como personificación del amor.

En una de las canciones que han llegado hasta nosotros en mejor estado, el fragmento 16, la autora traza un contraste entre la ternura que le provoca la ausencia de una amiga y la pasión masculina por la guerra y el combate:

Dicen que lo más bello
sobre esta negra tierra
es una escuadra de caballería,
soldados desfilando
o una armada de guerra.
Yo digo que es aquello que uno ama.

Es fácil demostrar mi afirmación:
Helena, la más bella de todas las mujeres,
sin pensarlo dos veces
abandonó su hogar, a su hijo, a su esposo,
el rubio Menelao.

A través de los mares hasta Troya
la llevó la de Chipre y ella fue de buen grado.
Qué voluble es el ánimo de los que son mortales.

Me viene a la memoria
la ausente Anactoria.
Sus andares airosos,
el sol en sus mejillas,
quisiera contemplar
antes que los soldados
y los carros de Lidia.

La alusión a Helena vincula la idea del amor con la agridulce causa de la guerra de Troya. Como el mismo adjetivo *agridulce* (*glukupikros*) del fragmento 13 indica, el amor es tan placentero como doloroso, es motivo de pena, así como de celebración. La dualidad del amor es una idea constante en la poesía griega. Es al mismo tiempo la causa del deleite y de la tragedia.

EL AMOR TRÁGICO

La tragedia, el género poético por antonomasia en la Atenas del siglo v a. C., profundiza en el tema de la naturaleza dual del amor. En *Antígona*, de Sófocles, el coro exalta el poder del amor, de Eros, que ha unido a Hemón, hijo de Creonte, rey de Tebas, y a Antígona, que, al desobedecer los mandatos del rey, sella el destino de ambos (versos 781-800):

> *Eros el invencible,*
> *Eros el destructor de la riqueza,*
> *tú que pasas las noches*
> *dormido en las mejillas*
> *de las muchachas*
> *y recorres los mares y penetras*
> *en la morada humilde del labriego.*
> *Contra ti nada pueden ni los dioses*
> *ni los pobres mortales*
> *de efímera existencia,*
> *pues quien caiga en tus redes*

perderá la razón y la mesura.
Conquistas y aniquilas
el corazón sereno del hombre virtuoso.
Eres el responsable
de esta guerra entre hermanos.
Tu triunfo es el deseo
que se asoma a los ojos de la recién casada.
El deseo comparte
el trono y el poder
con las eternas leyes.
Y la hermosa Afrodita
se burla de nosotros.

En *Hipólito*, de Eurípides, el coro se dirige implorante a Eros tras descubrir el amor ilícito y no correspondido de la reina Fedra por Hipólito (versos 525-532):

Eros, tú, cuyos ojos
destilan el deseo,
que colmas de placeres
el alma de quien matas a flechazos,

no me muestres tu cólera,
no me traigas desgracias.

Ni las lenguas del fuego
ni los rayos del sol
se comparan al dardo de Afrodita
que Eros, hijo de Zeus, dispara con su arco.

Para los autores trágicos, el amor es inevitable, deseable y, en potencia, trágico. Eros es una fuerza indomable de la naturaleza que propicia los encuentros amorosos que hacen feliz al ser humano y ponen de manifiesto la inevitabilidad de la amargura.

En *Alcestis*, una obra anterior (438 a. C.), Eurípides trata el tema del amor conyugal. Apolo ha concedido al rey Admeto de Tesalia el don de evitar la muerte si alguien está dispuesto a morir por él. Ante la negativa de sus ancianos padres, su esposa Alcestis se ofrece como voluntaria, pues, según ella, la muerte de Admeto la dejaría a ella viuda y a sus hijos huérfanos. Heracles llega a palacio, vence a la muerte en combate y la obliga a liberar a Alcestis, que vuelve a la vida y a su familia. Platón en *El banquete* interpreta que los dioses recompensan la nobleza de Alcestis, dispuesta a morir por el amado.

CONTEXTO DE *EL BANQUETE*

Existen epigramas amorosos atribuibles al propio Platón, por ejemplo, los versos rebosantes de romanticismo por un joven llamado *Aster* («Estrella») que aparecen en la *Antología griega* 7.669:

> *Contemplas las estrellas, amor mío.*
> *Quisiera ser el cielo de ojos infinitos*
> *y poder contemplarte.*

Más importante aún es *El banquete*, la contribución en prosa más temprana a la cuestión de cómo pensar y hablar sobre el amor. Escrito alrededor de 380 a. C., este diálogo (término convencional para referirse a las treinta y tantas obras atribuidas al autor que han llegado hasta nosotros, aunque no todas son diálogos en sentido estricto) es una investigación ficticia y dramatizada del concepto de amor. Además de ser la única pieza literaria de envergadura sobre el tema de la Antigüedad, es una obra maestra en cuanto a su estructura, ideas y expresión. Su calidad literaria y su profundidad filosófica son famosas desde hace siglos y hoy en día no ha perdido vigencia.

Platón pone sus ideas en boca de los asistentes a un *sympósion*, una fiesta en casa del dramaturgo Agatón, que acaba de ganar el primer premio en un certamen teatral, lo que nos permite datar el evento antes del 416 a. C. Entre los invitados hay personas de renombre, como Sócrates, el maestro de Platón, o el poeta cómico Aristófanes. El autor presenta a los comensales recostados en un salón. Hay más participantes de los que hablan en la cena, pero sus intervenciones no aparecen en el texto. Los protagonistas toman la palabra por turnos (ver esquema).

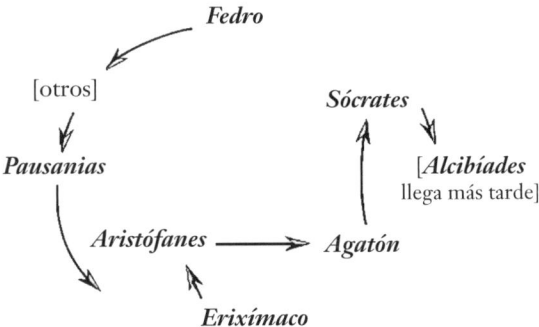

El primero en hablar es Fedro. Los demás se suceden en sentido contrario al de las agujas del reloj. Pausanias toma la palabra después de algunos comensales anónimos. Aristófanes sufre un ataque de hipo que altera el orden y Erixímaco accede a hablar antes que él. Después de su discurso, Agatón intercambia unas breves palabras con Sócrates, que le pide que matice algunos de sus puntos de vista antes de presentar una teoría sobre el amor que atribuye a una mujer llamada Diotima. Alcibíades llega tarde y ebrio, toma asiento al lado de Agatón y pronuncia el discurso más largo.

Cada orador desarrolla un punto de vista distinto sobre la influencia del amor en la vida y las relaciones del ser humano. Por entonces era habitual que los varones de la clase alta ilustrada de la sociedad, a la que pertenecen los comensales de *El banquete*, fueran amantes de hombres más jóvenes o tuvieran amantes mayores que ellos, como es el caso de Pausanias y Agatón, el anfitrión de la fiesta. La valentía en el combate y la elocuencia eran dos valores fundamentales en la sociedad de la Grecia antigua. Los discursos profundizan en ellos en un contexto abiertamente homoerótico. Ese énfasis pone de manifiesto la realidad sociológica. Las mujeres no desempeñaban ninguna función en la jerarquía social ateniense. Las únicas presentes en un *sympósion* serían esclavas artistas (*auletrides*) o prostitutas de lujo (*hetairai*) con conocimientos musicales, que tocarían la flauta para entretener a los invitados. En el banquete del que nos habla Platón se ordenó a las esclavas flautistas que abandonaran la sala para que los hombres pudieran celebrar el debate.

Hay que enmarcar las descripciones e ideas acerca del amor de los invitados en el contexto homoerótico que acabamos de describir. El texto ofrece un análisis general del concepto de amor predominante en la época, en el que Platón incluye las relaciones homosexuales y las heterosexuales. La contribución más importante es la de Sócrates, que explica una teoría que ha aprendido de una tal Diotima. El pseudónimo, que significa «honrada por Zeus», apunta a un posible precedente histórico del pensamiento socrático, el de Aspasia de Mileto (ver el excurso del capítulo 6), famosa por su intelecto, su elocuencia y sus conocimientos en materia amorosa. Fue la famosa pareja de Pericles, el principal ciudadano de Atenas, apodado «Zeus», como sabemos por los fragmentos de comedias que han llegado a nuestros días. La alusión era evidente para los lectores de la época.

El relato de Sócrates sobre el discurso de Diotima es interrumpido por la entrada repentina del político y mujeriego Alcibíades, quien se coloca entre Sócrates y Agatón, y hace la intervención más extensa de toda la velada. Se deja de discutir si hay que considerar a Eros como un dios, un semidiós o una fuerza de la naturaleza, hasta entonces el tema central del debate, y, por medio de Alcibíades, Platón pasa a elogiar a Sócrates como mentor, héroe y paradigma de *eros*. Es la conmovedora y brillante conclusión de su heterogénea y profunda indagación filosófica en el significado del amor.

RESUMEN DE *EL BANQUETE*

Un grupo de hombres asiste a una fiesta en la que se celebra el éxito del dramaturgo Agatón, que dos días antes ha ganado el primer premio en el certamen teatral de Atenas con una tragedia. Estamos en 416 a. C., «fecha dramática» del debate, es decir, la fecha en que se sitúa la obra. Agatón y sus amigos están con resaca, pues en la fiesta la noche anterior bebieron más de la cuenta, así que acuerdan no consumir alcohol, sino competir entre sí en un debate. El tema es la alabanza del amor.

Dado que la palabra *eros* coincide con el nombre del dios Eros, en los discursos se da una confusión constante entre la alabanza del dios como figura personal y la indagación en el concepto de *eros*. En general, los poderes y los comportamientos atribuidos a Eros se entienden como reflejo del poder y las cualidades del amor.

Platón coloca de narrador a Apolodoro, que, dado que no asistió al debate, relata lo que le ha contado Glauco, que a su vez lo ha oído de boca de Aristodemo, uno de los invitados. Ese cuidadoso distanciamiento indica que no hay que entender *El banquete* como la narración fidedigna o completa de un suceso real. Por el contrario, se trata de una minuciosa reflexión filosófica sobre diversos puntos de vista acerca del amor. En el fondo, el diálogo es una invitación a los lectores a discurrir sobre el significado del *eros* y lo que la gente piensa y dice de él.

La obra consta de tres partes:

Apolodoro relata los elogios de Eros que hacen el impetuoso Fedro, el legalista Pausanias, el médico Erixímaco, el dramaturgo cómico Aristófanes y el trágico Agatón. Cada uno explica su idea personal del amor:

Fedro postula que el amor nos inspira a obrar con nobleza: el amante está dispuesto a morir por amor.

Pausanias establece una distinción entre una forma «superior» de amor verdadero y una forma «inferior» de atracción sexual, e insiste en la importancia de un vínculo espiritual duradero entre amante y amado.

Erixímaco profundiza en la cuestión hablando del amor como potencia abstracta, universal y armonizadora en la medicina, la música y la naturaleza.

Aristófanes elabora una alegoría cómica con la que ilustra cómo y por qué el amor consiste en «la búsqueda de nuestra otra mitad», cuyo encuentro conduce a la plenitud y el éxtasis.

Agatón cierra la sección invocando la belleza y los poderes creativos del amor y entreteniendo a los invitados con un elocuente y florido elogio de Eros.

2. DISCURSO DE SÓCRATES

A continuación, Sócrates toma la palabra y anuncia que no piensa alabar a Eros sino «decir la verdad acerca del amor». Confiesa haberla aprendido durante sus encuentros con una tal Diotima, que le ha enseñado que el amor es un misterio en el que hay que iniciarse de la mano de una persona experta. Comienza con la atracción física y culmina con una experiencia de la belleza que trasciende lo físico y conduce al reino de lo divino (el término moderno *amor platónico* procede de estas enseñanzas). Según la teoría de Diotima, el amor verdadero es una relación que pone en juego las cualidades creativas y la capacidad de resistencia del amante y del amado. El discurso de Sócrates es la culminación de los planteamientos filosóficos e intelectuales de los comensales sobre el tema del amor, que resultan en gran medida abstractos e impersonales.

3. EL DISCURSO DE ALCIBÍADES

A continuación se produce un brusco cambio de registro. El exuberante y mujeriego político Alcibíades entra en escena muy borracho y lanza un apasionado discurso acerca del extraordinario y admirable carácter de Sócrates, quien —según afirma— siempre lo ha amado y ha despertado en él un gran fervor.

Si las enseñanzas de Diotima incorporan ideas de los cinco discursos anteriores, la intervención de Alcibíades confirma y completa numerosos conceptos que ya han aparecido en la obra. Su propuesta es que al hablar sobre el amor hay que tener en cuenta no solo su significado abstracto, sino también la relación concreta entre el amante y el amado y la personalidad específica de cada uno.

SOBRE LA TRADUCCIÓN Y LA DISPOSICIÓN DEL TEXTO

A pesar de lo atractivo del tema y del tono por lo general narrativo de la obra, *El banquete* no es una lectura fácil. Mi intención ha sido que la traducción de los fragmentos seleccionados sonase tan viva y natural como fuera posible. Ha sido una tarea compleja debido a las estructuras idiomáticas del griego clásico, como las omnipresentes partículas conectivas y ciertas palabras y expresiones que a menudo carecen de equivalente directo en nuestro idioma. Platón fue un virtuoso de la prosa griega y un maestro en el arte de combinar registros, de lo coloquial a lo retórico y filosóficamente complejo. Aunque sin duda una traducción literal de *El banquete* sonará artificiosa, el original griego es todo lo contrario. Para transmitir el significado de la obra con fluidez y precisión, a veces he optado por una paráfrasis asequible en lugar de traducir palabra por palabra. También he ordenado el texto en párrafos para facilitar la comprensión de las unidades conceptuales.

El contexto histórico y cultural del diálogo exige al traductor hacer ciertas concesiones. *Eros*, por ejemplo, el principal término para referirse al amor y al deseo (tanto sexual como de otras clases) es también el nombre del dios Eros. La forma en que los invitados hacen uso de la palabra *eros* mantiene vivas las connotaciones, pero nosotros debemos elegir entre «Eros», «Amor», «amor», «deseo», etc. Por otra parte, los contemporáneos de Platón distinguían sin dificultad entre *erastes*, «amante», y *eromenos*, «amado». El primero era el miembro de más edad de la pareja y el segundo un efebo (denominado *paidika*, «joven-amante», cuando había relaciones físicas de por medio). En nuestro idioma usamos *amante* de manera indistinta para referirnos a ambos miembros de la relación, término que no denota el papel de cada uno.

Otras palabras como *novio* o *querido* son románticas en exceso. Así, he traducido *erastes* y *eromenos* como «amante» y «amado».

El texto de los fragmentos seleccionados está distribuido en párrafos breves separados por letras mayúsculas. Las omisiones se señalan con [...].

EL ARTE DE HABLAR
SOBRE EL AMOR

CAPÍTULO I

EL AMOR COMO FUENTE DE INSPIRACIÓN
PARA OBRAR BIEN: FEDRO

Fedro ha propuesto a los comensales hablar en alabanza del amor, en concreto del dios Eros. La sección de los cinco discursos se abre con el de Fedro. Es joven e idealista, así que defiende que Eros merece todo tipo de alabanzas por ser el más antiguo de los dioses. Los griegos siempre han honrado a los ancianos y la avanzada edad del dios hace suponer que nos ha concedido más dones que los otros, más jóvenes. A continuación, Fedro afirma que los amantes se comportan con honor inspirados por el amor y, mediante una imagen heroica, elogia a quienes sacrifican la vida por el ser amado.

De ciudadanos como Fedro se esperaba que participaran en las frecuentes batallas que Atenas libraba contra enemigos como Tebas o Esparta. Servían en las filas de los hoplitas (la infantería pesada, cuerpo en el que los soldados aportaban su propia armadura, escudo y demás armas) y luchaban por tierra o por mar. Muchos veían en ello la oportunidad de alcanzar la gloria, además de cumplir con su obligación patriótica. El mismo Sócrates, como veremos más adelante, fue un valiente y consumado hoplita y luchó en numerosas batallas en las filas del ejército ateniense.

Fedro argumenta que el amante siempre desea ganarse el respeto y la admiración del amado, y viceversa. Un ejército de amantes lucharía con valor con el fin de conservar el honor ante los ojos de la persona amada. Serían invencibles, pues el amor no los dejaría incurrir en ninguna clase de deshonra o cobardía. Sin duda, Fedro está al tanto de que Tebas acaba de organizar un ejército de esas características, el Batallón Sagrado. Cuando amplía la idea de una pareja de amantes a todo el Estado, es muy posible que tenga en mente el militarismo de la sociedad espartana.

Reconoce que también las mujeres participan de esta clase de amor. Alcestis, por ejemplo, la heroína mitológica que protagoniza la tragedia de Eurípides del mismo nombre, accede a sacrificar la vida por su esposo cuando nadie está dispuesto y los dioses premian su heroica conducta devolviéndole la vida. Fedro alaba de Eros que nos inspire a obrar con nobleza y nos haga merecedores de las más altas recompensas.

En resumen, para Fedro el amor es una fuerza positiva en la vida humana, sobre todo cuando dos personas están unidas por un fuerte vínculo amoroso. Su idea del amor es más conductual que psicológica. Fedro menciona el honor y la deshonra, pero no dice nada sobre emociones tan intensas como el afecto profundo o la pasión romántica. Muchas son las preguntas que quedan sin respuesta. ¿Cómo surge el amor entre dos personas? Dado que el amor también provoca comportamientos negativos, ¿podemos afirmar de manera rotunda e inequívoca que es una fuerza positiva? Si inspira tan solo el éxito en la batalla y el deseo de llevar a cabo el sacrificio último, ¿dónde quedan su dimensión positiva, creativa y su capacidad de mejorar la vida humana? En las siguientes intervenciones, los comensales abordarán estas y otras objeciones.

DISCURSO DE FEDRO

A. Fedro tomó la palabra y dijo algo parecido a esto:

Empezaré diciendo que, entre los muchos motivos por los que Eros es digno de veneración, uno de los más importantes es su origen. Es el más antiguo de los dioses, como lo demuestra el hecho de que no tiene padres. Ningún prosista, ningún poeta se los atribuye. Hesíodo afirma que el primer elemento de la creación es el espacio:

Y después la Tierra, ancha de pecho, sólida y eterna, sobre la que se asienta el mundo.
   Y después Amor.

Acusilao coincide con él y dice que ambos elementos, la Tierra y el Amor, surgieron después del espacio. Parménides dedica las siguientes palabras a su nacimiento:

El primer dios concebido fue Amor.

Así, diversas fuentes confirman que Eros es el dios de más edad. Esa longevidad, en virtud de la cual ha concedido a la humanidad muchos más dones que los demás dioses, lo hace merecedor de nuestro agradecimiento.

B. No se me ocurre mayor bendición que la de tener un excelente amante durante la juventud o la de que un amante disfrute de un amado excelente. Para vivir con plenitud no sirven de nada los contactos familiares, el éxito o la riqueza, sino tan solo que Amor gobierne la vida. Me explico. Obrar mal nos cubre de oprobio, mientras que obrar con nobleza nos granjea buena reputación. Las ciudades y los individuos que logran cosas honorables o buenas siempre persiguen ese fin.

Un amante que comete un acto deshonroso o no es capaz de lavar una afrenta prefiere que lo sorprendan sus padres, sus amigos o quien sea antes que su amado. Del mismo modo se sentiría un amado si fuera sorprendido haciendo algo indigno. Por lo tanto, una ciudad o un ejército compuesto de amantes y amados sería invencible porque competirían unos con otros en obrar bien y se esforzarían al máximo por evitar el deshonor. Los amantes así emparejados, luchando hombro con hombro, conquistarían el mundo aunque estuvieran en inferioridad numérica.

C. No me cabe duda de que un amante prefiere que el mundo entero sepa que ha abandonado su puesto o las armas en el campo de batalla antes que a su amado. Mejor morir mil veces antes que eso. ¿Quién es capaz de huir dejando al amado ante el peligro? En semejante trance, el cobarde más redomado se vuelve el más valeroso de los héroes porque Amor en persona le inspira valentía. Homero dice de modo sencillo que el dios «exhala el espíritu» en el alma de ciertos héroes y eso es precisamente lo que Amor despierta e insufla en los amantes. El amor y solo el amor lleva a la gente, ya sean hombres o mujeres, a dar la vida por el amado.

El mejor ejemplo es Alcestis, hija de Pelias, que dio la vida por su marido cuando nadie se atrevía. Su padre y su madre quizá hubieran accedido, pero la devoción de Alcestis, inspirada por Amor, era tan superior que bien podría decirse que el vínculo entre Admeto y sus padres era de apellido, no de sangre. Los dioses, y los hombres no menos, vieron tanto heroísmo en Alcestis que, de entre todos los mortales que han alcanzado la gloria por sus actos, es casi la única a la que se ha permitido retornar de la muerte. Tal es la suprema recompensa que los dioses conceden a la lealtad y el heroísmo cuando es Amor quien los inspira.

D. En cambio, los dioses dictaron que Orfeo, hijo de Eagro, volviera del inframundo con las manos vacías. En lugar de recompensarlo con la esposa a la que pretendía rescatar del Hades, no le permitieron más que atisbar su sombra por un instante. Lo consideraron un cobarde porque, al ser músico, no se había atrevido a morir por amor, sino que, a diferencia de Alcestis, se las había ingeniado para bajar vivo a los infiernos.

Los dioses lo condenaron a morir a manos de mujeres y le negaron el honor que sí concedieron a Aquiles, hijo de Tetis, al que enviaron a las Islas Afortunadas en premio por escoger la vía del héroe. Su madre le había advertido de que si vencía a Héctor en combate, moriría, pero de lo contrario, volvería a casa y viviría una vida larga y feliz. Así, cuando Aquiles volvió a las armas para vengar a su amado Patroclo, escogió no solo arriesgar la vida, sino morir luchando en su nombre. La decisión de Aquiles conmovió profundamente a los dioses, que recompensaron con especial generosidad el afecto por un amante de más edad.

Por cierto, Esquilo se equivoca completamente al hacer de Aquiles el amado de Patroclo y no al revés. Aquiles era el más hermoso de los héroes, Patroclo incluido, y que Homero lo describa como joven imberbe demuestra que era más joven que Patroclo.

E. En todo caso, no cabe duda de que a los dioses les place el heroísmo inspirado por el amor, admiran y recompensan más al amado que ama al amante, que al amante que ama al amado. El amado, de más edad, está más cerca de los dioses que el joven amante, pues está poseído por Amor. Por ese motivo, los dioses recompensaron a Aquiles incluso más que a Alcestis y lo enviaron a las Islas Afortunadas.

En resumen, afirmo que Eros es el más antiguo y respetado de los dioses, y que el amor es la fuerza suprema que mueve a los seres humanos a alcanzar las metas más elevadas y deseables, así en la vida como en la muerte.

CAPÍTULO 2

EL AMOR COMO UNIÓN VIRTUOSA
Y DURADERA: *PAUSANIAS*

Tras una serie de intervenciones cuyo contenido el narrador dice no recordar, Pausanias toma la palabra y pronuncia un discurso largo y un tanto repetitivo en el que manifiesta su devoción por relaciones como la que él mismo mantiene con Agatón, el anfitrión de la velada. Comienza cuestionando la premisa de Fedro de que los invitados tengan que elogiar al amor. Pausanias afirma que no todos los tipos de amor son dignos de alabanza y establece una distinción entre formas de amor legítimas.

Adopta una actitud legalista en defensa de la costumbre ateniense (el término griego *nomos* significa tanto «costumbre» como «ley») que sanciona el amor entre hombres adultos y jóvenes. Aunque se trataba de una costumbre de la clase alta ateniense, las relaciones sexuales a las que condujo causaron desaprobación e inquietud en diversos estratos de la sociedad (en especial entre los padres de dichos jóvenes). Otras ciudades prohibieron y castigaron esta costumbre.

Las actividades que los griegos relacionaban con la excelencia y la gloria, como la guerra, el deporte y la elocuencia, eran de exclusivo dominio masculino. Las muchachas atenienses no recibían ni educación ni entrenamiento deportivo y, además, lo habitual era casarlas o prometerlas al llegar a la adolescencia para garantizar que eran adecuadas para el matrimonio. Por lo tanto, no podían ser compañeras intelectuales o espirituales de los hombres atenienses, que satisfacían sus placeres sociales y sus deseos sexuales de otra manera, por ejemplo, en compañía de jóvenes. A su vez, esas relaciones contribuían al desarrollo intelectual de los jóvenes y les daban la oportunidad de ascender en la escala social. Según se cuenta, el propio Sócrates mantuvo de adolescente una relación amorosa con un filósofo adulto, Arquelao. A pesar de todo, siempre existió el temor de que se utilizara a tales jóvenes con fines puramente sexuales y se les sometiera a abusos. Uno de los objetivos de Pausanias es refutarlo. El verdadero amor exige dignidad, reciprocidad y consentimiento. Pausanias propone plasmar esos requisitos en una ley. A continuación habla de las profundas diferencias entre el amor honorable y el deshonroso.

Para ilustrar sus palabras, recurre a dos versiones del mito del nacimiento de Afrodita, diosa del amor y compañera inseparable de Eros. La *Teogonía* de Hesíodo la menciona como hija de Urano (el cielo), pero no le asigna una madre. En la *Ilíada* de Homero, sin embargo, es hija de Zeus y Dione. Pausanias sugiere la existencia de dos diosas: a la primera la nombra por medio del epíteto *urania* («del cielo») y a la segunda la llama «del vulgo». Que la Afrodita urania descienda solo de un padre hace suponer que las relaciones entre hombres son menos primarias desde el punto de vista sexual y, por lo tanto, más honorables que las relaciones entre hombres y mujeres.

Pausanias opina que es obligación del compañero adulto, el amado, más sabio y devoto del *eros* celeste, beneficiar al amante joven en lo intelectual y en otros ámbitos y comprometerse de forma sincera y duradera con su educación y su perfeccionamiento. Más adelante, Platón desarrollará la subtrama de Alcibíades, que intenta en vano seducir al anciano Sócrates. La aparente falta de interés del filósofo por los encantos físicos del joven y su conocido afán por no desear otra cosa que el perfeccionamiento de su alma ejemplifica el «buen» amor que preconiza Pausanias.

A pesar de todo, las generalizaciones sobre la naturaleza expresamente reproductiva del amor heterosexual, la desigualdad entre el hombre y la mujer y las presuntas bondades de las relaciones íntimas entre un hombre y un muchacho no son en absoluto del gusto del público moderno. El discurso de Pausanias completa el de Fedro, que no explica cómo nace ni cómo funciona el amor entre los miembros de una pareja. Pausanias reconoce con toda franqueza la importancia primordial del sexo y la atracción física, que impone a los seres humanos la obligación de reflexionar acerca de la manera de controlar el deseo. También admite que, una vez satisfecho el deseo sexual, es habitual trasladarlo a otro objeto, lo cual provoca a menudo enfados y aflicción, y se pregunta cómo evitar las consecuencias negativas.

La respuesta es una firme defensa de la fidelidad y el compromiso. Las relaciones duraderas y la estabilidad casi marital son signos de un amor verdadero y noble. Aunque la distinción entre el amor puramente sexual y el compromiso noble y elevado parece en exceso simplista e idealista, las palabras de Pausanias allanan el camino a las posteriores ideas de Sócrates, que opina que, si bien es cierto que el amor nace con frecuencia de la atracción física, su manifestación más elevada trasciende lo físico y se adentra en lo espiritual.

DISCURSO DE PAUSANIAS

A. Me temo, Fedro, que no has definido con precisión el tema de esta discusión, ya que tan solo nos has pedido que hablemos en alabanza de Amor. Si Amor fuera un solo dios no habría problema, pero resulta que hay más de un Eros, de modo que lo primero es decidir a cuál elogiar. Para solucionar el problema, en primer lugar identificaré qué Amor es digno de alabanza para después elogiarlo como se merece.

B. Todos sabemos que Afrodita y Eros van de la mano. Si existiera una única Afrodita, solo habría un Eros. Pero en realidad hay dos: una es la nacida de Urano sin madre —a quien llamamos Afrodita «del cielo»— y la otra, más joven, hija de Zeus y Dione —a quien llamamos Afrodita «del vulgo»—. Por lo tanto, el Eros vinculado a esta última debe llamarse «Amor del vulgo», y el otro, «Amor del cielo».

C. Aunque es cierto que todos los dioses merecen veneración, no estaría de más distinguir el dominio de cada uno de los dos Amores. De hecho, la afirmación sirve para cualquier cosa que nos propongamos llevar a cabo, ya que los actos no son ni buenos ni malos de por sí. Tomemos como ejemplo lo que estamos haciendo ahora: beber, cantar y debatir no son ni buenos ni malos en sí mismos. El juicio de valor depende de cada acto en particular y de la forma en la que se lleva a cabo. Si se lleva a cabo de manera decente y apropiada, es bueno; de lo contrario, es malo. Con el amor y con Eros sucede igual. No todas las clases de amor son buenas y dignas de elogio. Solo las que nos mueven a amar como es debido.

D. El Eros que acompaña a la Afrodita del vulgo es tosco y falto de discernimiento. Es el amor del pueblo llano, que ama tanto a las mujeres como a los jóvenes y ama por el cuerpo, no por el alma. Toma amantes toscos y aburridos porque lo único que le interesa es poseerlos y le da igual si está bien o mal. Se comporta sin un ápice de sensatez y no piensa en las consecuencias.

Ese tipo de amor se asocia con la más joven de las dos diosas, nacida de un varón y una mujer. El Eros que acompaña a la diosa celeste, en cambio, no tiene madre, solo padre, y es el que inspira el amor por los jóvenes. Como es de más edad, la Afrodita del cielo no incurre en los abusos de la otra. Bajo la guía de su amor, las personas toman amantes masculinos porque les atrae su naturaleza fuerte e inteligente.

E. Las personas a las que mueve el Eros del cielo son fáciles de reconocer. La pureza de sus intenciones se manifiesta en que no cultivan a los niños, sino a los jóvenes cuya mente empieza a desarrollarse y se les empieza a notar la barba. He observado que quienes gozan de la compañía de jóvenes de esa edad no se aprovechan de su inexperiencia y los humillan después al abandonarlos por el próximo objeto de deseo, sino que suelen entablar relaciones de por vida en las que lo comparten todo con el amante [...].

F. Concederle favores sexuales a una persona sin principios es deshonesto. En cambio, concedérselos a una persona decente es completamente decoroso. El amante vulgar que ama el cuerpo y no el alma no solo carece de principios, sino que además peca de inconstancia, pues solo ama lo efímero. Cuando la atracción por lo físico se apaga, huye despavorido, falta a la palabra dada una y otra vez y rompe todas las promesas. Por el contrario, quien ama a una persona por su carácter refinado no la abandona, pues lo unen a ella cualidades que son de por sí duraderas [...].

G. Hay acuerdo general en que no hay nada vergonzoso ni degradante en ponerse por voluntad propia al servicio de una persona que persigue nuestro perfeccionamiento, ya sea intelectual o de otra clase. Para que sea permisible que un joven corresponda al amor de un adulto es necesario que se cumplan dos leyes: una relacionada con el cultivo del amor de los jóvenes y otra

con la búsqueda de la sabiduría y otras virtudes
[...].

H. En resumen, mientras se persiga la virtud,
no hay nada malo en conceder cualquier tipo de
favor. Esa es la clase de amor que atribuimos a la
Afrodita del cielo. No solo es divino, sino que es
de gran valor para el individuo y para la *polis*, pues
obliga al amante y al amado a atender a su res-
pectivo perfeccionamiento moral [...]. Las demás
clases de amor son el dominio de la Afrodita del
vulgo.

CAPÍTULO 3

EL AMOR COMO PRINCIPIO UNIVERSAL
DE ARMONÍA: *ERIXÍMACO*

Cuando llega el turno de Aristófanes, al poeta cómico le sobreviene un ataque de hipo que le impide exponer su alegoría cómica más terrenal, así que Erixímaco toma la palabra en su lugar e introduce un concepto abstracto del amor: que este no se limita a las interacciones humanas, sino que lo abarca todo. Es una fuerza universal que conecta y armoniza el conjunto de los seres y los elementos. No se limita a las relaciones románticas o personales, sino que sus efectos se perciben también en el ámbito de la medicina y en el de la música, así como en la naturaleza.

Erixímaco abunda en la diferencia que Pausanias ha establecido entre el buen y el mal amor.

Es médico de profesión y define la medicina como el arte de hallar la forma de satisfacer el deseo saludable, rechazar el malsano y equilibrarlos en el cuerpo humano. La medicina busca armonizar los elementos físicos opuestos (el calor y el frío, lo húmedo y lo seco, lo amargo y lo dulce...) igual que la música concilia los opuestos en su propio ámbito: el tono grave y el agudo, el ritmo rápido y el lento. Las estaciones del año y el movimiento circular de las estrellas demuestran que el amor es el agente que concatena los elementos opuestos que componen el universo. Para Erixímaco, el amor es la fuerza cósmica que armoniza los ámbitos en los que opera.

Los invitados anteriores han descrito el amor en función de los objetivos y la conducta del ser humano. Erixímaco, en cambio, se inclina por lo abstracto. Para Fedro el amor ejerce una influencia positiva en los objetivos y las acciones de los amantes. Erixímaco parte de ese punto de vista y amplía la bondad conciliatoria del amor al universo entero. Reconoce la dualidad que Pausanias ha propuesto, pero hace hincapié en la capacidad armonizadora del amor. La idea procede de Empédocles, el famoso pensador de principios del siglo v a. C., que definía el amor como la fuerza que une los elementos fundamentales del universo y propicia la creación, en eterna pugna con Eris (la discordia), que los disuelve y separa. Según Erixímaco, el amor une no solo a los amantes, sino a todo aquello capaz de armonizarse o beneficiarse de la conciliación, como los humores corpóreos, las notas musicales, los ciclos de la naturaleza y el movimiento de los astros. Al trascender los deseos y las relaciones individuales, Eros se convierte en una fuerza universal transformadora y unificadora.

DISCURSO DE ERIXÍMACO

A. Creo que la distinción entre dos Amores es muy acertada. Además, desde mi punto de vista, la demuestra, por un lado, el amor que los seres humanos sienten por las personas que consideran hermosas y, por otro, el comportamiento de los animales, las plantas y, en general, todos los seres. El ejercicio de la medicina me ha permitido observar la grandeza y las maravillas de Amor y constatar que su poder divino actúa sobre todo cuanto hay en el cielo y en la tierra.

B. En homenaje a mi profesión, empezaré hablando de medicina. La dualidad de Amor se percibe de la siguiente manera en la naturaleza física del ser humano: el elemento sano del cuerpo está claramente separado del enfermo. Como los dos elementos son diferentes, lo que desean y lo que necesitan también lo es. En otras palabras, el deseo significa una cosa para la parte sana del cuerpo y otra para la enferma. Pausanias decía hace un momento que no hay nada malo en alentar el deseo de un hombre virtuoso, pero que, por el contrario, incitar el de un hombre sin moral es indecoroso. En el caso del cuerpo sucede lo mismo. Hay que estimular los elementos buenos, sanos, pues en eso consiste el arte de la medicina, y descartar lo enfermo. Esa es la labor de un buen médico.

C. El ejercicio de la medicina consiste en pocas palabras en saber cómo funciona el deseo en el cuerpo y cómo satisfacerlo o rechazarlo. El mejor médico es el que distingue el buen deseo del malo, y es capaz de transformar el uno en el otro. Un médico en plena posesión de los secretos del oficio genera deseo donde es necesario y lo implanta, o lo extirpa de donde es perjudicial. Sabe conciliar los elementos agresivos del cuerpo de manera que aprendan a amarse entre sí. Dichos elementos son los más opuestos entre sí, como el calor y el frío, lo amargo y lo dulce, lo húmedo y lo seco, etcétera.

Creo que los poetas antiguos tenían razón cuando decían que Asclepio sabía infundir el amor y la armonía entre ellos. Así fue como fundó nuestra profesión. El dios gobierna todas las ramas del arte de curar. Lo mismo sucede con las artes gimnásticas, la agricultura y la ganadería.

D. También la música, si se piensa con atención, obedece al principio de la conciliación de los opuestos, que quizá fuera a lo que se refería Heráclito, aunque lo expresó de forma más bien oscura, cuando dijo que una unidad «en tensión consigo misma está en armonía... Como la armonía del arco o la de la lira». Eso de que una armonía está en tensión o que hay armonía cuando los elementos tiran en direcciones diferentes suena paradójico. Sin embargo, no cabe duda de que se refería a las notas altas y bajas, que, aunque opuestas en lo formal, se concilian en la práctica de la música, pues no habrá armonía entre ellas mientras haya oposición. La armonía es concordancia y la concordancia es acuerdo. Sin embargo, no habrá acuerdo si hay discordia entre los elementos ni habrá armonía mientras estén en oposición. De manera parecida, el ritmo se establece por medio de elementos rápidos y lentos que concuerdan en la práctica, aunque sean opuestos en lo formal.

E. Igual que la medicina, la música consiste en un acuerdo entre elementos opuestos que le aportan amor y unanimidad. Por lo tanto, el arte de la música se define como el conocimiento de los principios del amor aplicados a la armonía y el ritmo. En las estructuras de armonía y ritmo no resulta difícil distinguir el buen amor del malo, pues en ese ámbito no existen dos formas de amor. En cambio, la práctica del ritmo y la armonía requiere una mano experta, tanto para componer una partitura como para interpretarla.

F. Lo que decíamos antes también tiene validez aquí. Ponerse al servicio de personas virtuosas y moderadas no tiene nada de malo; es más, conviene reservar ese tipo de amor para fomentar el desarrollo de las virtudes de la rectitud y la moderación en quienes aún carecen de ellas. Ese es el buen amor, el amor del cielo que procede de la musa celeste. El amor del vulgo, por su parte, es el reino de Polimnia y hay que practicarlo con precaución para que los placeres que brinda no causen una merma en dichas virtudes. En mi profesión pasa algo parecido; es importante controlar la pasión por los placeres de la mesa para que la comida no perjudique la salud.

G. En música y en medicina, por lo tanto, así como en las demás artes que existen entre el cielo y la tierra, es necesario prestar atención a las dos clases de Amor, pues ambas están presentes en potencia. Incluso las estaciones del año contienen los dos principios. Cuando el amor ordenado concilia y armoniza los elementos que mencionaba antes (el calor, el frío, lo húmedo y lo seco), proporcionan salud y abundancia a los seres humanos, a los animales y a las plantas sin consecuencias nocivas. En cambio, cuando un amor violento se desata durante el cambio de estación, sobrevienen la destrucción y los estragos. Cuando eso sucede, las plagas y las enfermedades se ceban con los animales y las plantas. La escarcha, el granizo y otras catástrofes indican los excesos y la falta de orden de los elementos. El conocimiento de estas cosas en relación con los astros y las estaciones del año pertenece al ámbito de la astronomía.

H. Por otra parte, los sacrificios y demás ceremonias relacionadas con el arte de la interpretación de los augurios, que es el arte de la comunión entre los dioses y los seres humanos, persiguen fomentar el Amor saludable y sanar el perjudicial. Toda falta de virtud es tanto una falta de obediencia, de veneración y de reconocimiento de la superioridad del Eros ordenado, como una inclinación por el otro Amor en las relaciones con los padres, con los vivos y muertos o con los dioses. La interpretación de los augurios sirve para atender y rendir el culto adecuado a cada Amor y fomentar la amistad entre los dioses y los hombres por medio del conocimiento de las dinámicas amorosas que nos mueven a comportarnos de manera decente y respetuosa.

I. En conclusión, el poder de Amor es enorme, diríamos que universal. Sin embargo, el Amor más poderoso es el que persigue la bondad por medio de la moderación y la justicia tanto entre los hombres como entre los dioses. Es la fuente de toda felicidad, ya que nos permite relacionarnos de manera armoniosa con los dioses, que son superiores a nosotros, cultivar su amistad y ganarnos su favor [...].

CAPÍTULO 4

EL AMOR COMO BÚSQUEDA DE LA OTRA
MITAD: *ARISTÓFANES*

Restablecido del ataque de hipo, Aristófanes aporta al debate una brillante alegoría sobre el significado del amor. Hubo un tiempo, dice, en el que los seres humanos eran la unión de dos partes, bien masculinas, bien femeninas, o bien mixtas (*andrógino*, es decir, «hombre-mujer»). Eran tan poderosos y arrogantes que Zeus, para debilitarlos, los separó dando lugar a la especie humana como la conocemos hoy. Después de la separación, las desesperadas mitades no deseaban otra cosa que unirse de nuevo, de modo que el dios les concedió el don de las relaciones sexuales, tanto por placer como para perpetuar la especie. Según Aristófanes, los seres humanos aún soñamos con la plenitud original. El amor es el anhelo de encontrar la otra mitad.

La narración de Aristófanes es divertida y conmovedora a la vez. De todos los conceptos del amor que aparecen en *El banquete*, quizá sea el más familiar al público actual. La búsqueda de la pareja perfecta, de la otra mitad ideal, es el argumento de innumerables narraciones, películas y obras de teatro. La idea de que en el amor y la amistad lo semejante atrae a lo semejante se comprende sin dificultad (incluso los sexos contrarios del *andrógino* de Aristófanes serían muy semejantes). Más tarde, el poeta romano Horacio inventó una expresión para referirse al profundo cariño que sentía por su amigo Virgilio, al que llamaba «mitad de mi alma» (*animae dimidium meae*).

El discurso de Aristófanes pone de manifiesto que Amor no tiene por qué ser siempre grave y solemne. Igual que el ataque de hipo que le impidió tomar la palabra antes dirige la atención del lector a lo físico, el dramaturgo nos hace ver que la práctica del sexo, con el despliegue corporal que implica, tiene un lado cómico. Al mismo tiempo, el acto físico no solo produce placer, sino que además sirve para perpetuar la especie. Perpetuarnos a nosotros mismos por medio de la unión creativa que nos brinda el amor ofrece una especie de respuesta a la tragedia que subyace al discurso de Fedro, en el que la heroicidad de los amantes, aunque encarna cualidades admirables, culmina siempre con la muerte. La alegoría cómica de Aristófanes reafirma la vitalidad esencial del amor mediante la búsqueda de la «otra mitad» y la intimidad creativa con ella.

Como Erixímaco, Aristófanes postula que el amor es una fuerza unificadora. La diferencia es que persigue reunir lo semejante o incluso lo igual, en lugar de armonizar lo diferente. Si tenemos en cuenta que para Pausanias el amor tiene efectos creativos y ennoblecedores solo en individuos diferentes (mediante la unión de lo joven y lo viejo, lo masculino y lo femenino o lo educado y lo ignorante), el punto de vista de Aristófanes suena un tanto rancio. La diferencia es que, para él, el amor presupone una carencia, un vacío que es necesario colmar. El ser humano es en realidad solo media criatura y el anhelo de reunión es simplemente el deseo de plenitud. Aristófanes propone que quien genera ese urgente deseo no es otro que Eros.

Aunque el tono es humorístico, la narración de Aristófanes introduce dos temas nuevos en el debate. El primero es que el amor nace del anhelo. El segundo es que persigue la perpetuación de las características del individuo mediante el acto sexual. Sócrates retomará esos temas y los reformulará más tarde en las ideas atribuidas a Diotima.

DISCURSO DE ARISTÓFANES

A. Al principio, la naturaleza del ser humano era muy distinta de lo que es hoy. Para empezar, no existían tan solo los dos sexos que vemos hoy, sino tres: el masculino, el femenino y un tercero que los combinaba. Aún existe una palabra para referirse a él, *andrógino*, compuesta de *hombre* y de *mujer*. Aunque en la actualidad la usamos como término despectivo, por entonces aludía a una clase de ser humano hoy desaparecida. Además, el ser humano era completamente redondo. La espalda y los costados formaban un círculo y tenía cuatro manos, cuatro piernas, un cuello cilíndrico sobre el que reposaba una cabeza con dos rostros que miraban en direcciones opuestas, cuatro orejas, dos aparatos genitales, etcétera. Como ahora, caminaba erguido y para correr giraba sobre sí mismo alternando las ocho extremidades igual que los acróbatas cuando dan volteretas.

B. El motivo por el que había tres sexos es que el masculino era hijo del Sol, el femenino, de la Tierra, y el andrógino, de la Luna (ya que esta es parte Sol y parte Tierra). Debido a la semejanza con sus padres, eran circulares y se movían en círculo. Eran tan fuertes, poderosos y arrogantes que se atrevieron a desafiar a los dioses. Homero relata que Efialtes y Oto intentaron asaltar los cielos y someterlos.

Zeus y los demás dioses deliberaban qué hacer con ellos sin ponerse de acuerdo, pues no querían fulminarlos a golpe de rayo, como habían hecho con los gigantes, ya que eso sería acabar con la veneración y los sacrificios que recibían de los seres humanos, pero tampoco podían permitir que semejante arrogancia quedara impune.

Después de mucho pensar, Zeus dijo: «Se me ha ocurrido una idea para debilitar a la especie humana de manera que siga existiendo pero no nos cause más problemas: cortarlos por la mitad. Así, por un lado, no tendrán tanto poder y, por otro, nos serán más útiles porque habrá el doble de ellos. Caminarán erguidos, pero si siguen dando problemas y no respetan la paz, los volveré a cortar por la mitad y tendrán que desplazarse dando saltos con una sola pierna».

C. Dicho esto, cortó a los seres humanos por la mitad como si estuviera cortando frutas para encurtirlas o cortara un huevo con un pelo. Ordenó a Apolo que les curara la herida y les girara el rostro hacia ella para que la vieran y no olvidaran comportarse con más humildad. Apolo les giró el rostro y unió la piel por todos los lados en lo que hoy llamamos el estómago, como quien cierra un monedero tirando de las cuerdas. Practicó una incisión en la parte delantera y la cerró con un nudo, dando forma al ombligo, y después alisó las arrugas de la piel y les moldeó el pecho con la herramienta que usan los zapateros para alisar los pliegues de un pellejo colocado en una horma. Dejó, eso sí, unas cuantas en la zona del vientre para que no olvidaran su forma primigenia.

D. Cuando estaban ya cortados en dos, las mitades se aferraban desesperadas y se abrazaban afligidas en un vano intento de injertarse de nuevo unas en otras. Después comenzaron a morir de hambre y de apatía porque se negaban a hacer nada sin su otra mitad. Cuando una moría, la que quedaba con vida buscaba una mitad ajena, bien una que en origen había sido femenina (es decir, una mujer), bien masculina, y se agarraba a ella. Muchas murieron.

Zeus se apiadó de ellas e ideó un nuevo plan: colocarles los genitales en la parte delantera. Hasta entonces, los genitales estaban en un extremo y los seres humanos no se reproducían mediante el acto sexual, sino poniendo las crías en el suelo a la manera de las cigarras. Zeus les cambió los genitales de sitio e hizo que los hombres eyacularan el semen a través de ellos, de modo que cuando los hombres tenían relaciones sexuales con las mujeres se perpetuara la especie, y cuando las tenían con otros hombres se divirtieran un poco antes de volver a los quehaceres y asuntos de la vida cotidiana.

E. Vemos, pues, que desde tiempos inmemoriales el amor es innato al ser humano y su fin es hacer uno de dos y remendar la naturaleza original. Somos la mitad de un ser humano dividido como los lenguados para hacer dos de uno, y nos pasamos la vida buscando sin cesar la otra mitad [...].

De ahí proviene el deseo de unirnos: originalmente éramos un solo ser. El amor consiste en el anhelo y la búsqueda de la plenitud.

Antes éramos uno, pero, a causa de nuestros excesos, Zeus nos dispersó como los espartanos dispersaron a los arcadios. Existe el riesgo de que, si no mostramos el debido respeto a los dioses, nos partan en dos otra vez y andemos divididos por la nariz, como esas figuras talladas en relieve en las lápidas, o como dados cortados por la mitad. Para librarnos de semejante castigo y aspirar a algo mejor, hay que venerar a los dioses y tomar al Amor como luz y guía [...].

CAPÍTULO 5

EL AMOR COMO ESTÍMULO
DE LA CREATIVIDAD: *AGATÓN*

Agatón, en cuya casa se celebra el debate, arranca imaginando los rasgos físicos de Eros. Fedro lo describía como el más antiguo de los dioses, pero el dramaturgo trágico opina que su dulzura, su belleza y su talento demuestran que es el más joven. Hace caso omiso de lo ambiguo de los términos *antiguo* y *joven* (Fedro calificaba al dios de «antiguo» en el sentido de ser el primero de los dioses en nacer) y convierte su elogio del joven dios en un ejercicio de retórica.

Agatón habla con entusiasmo de la manera en la que nos volvemos poetas bajo el influjo del amor. Dado que el amor guía e inspira las artes, afirma, Eros ha de ser un artista. El amor es hermoso porque la belleza es una cualidad de lo agradable y lo apetecible. El discurso concluye con una serie de declaraciones poéticas sobre el amor en el estilo florido del orador Gorgias.

Aunque provoca arrebatados aplausos en la concurrencia, la intervención de Agatón resulta demasiado artificiosa y un tanto vacua a ojos del público moderno. A pesar de todo, el texto da muestra de la maestría literaria de Platón, pues retoma numerosas ideas de las intervenciones anteriores al tiempo que prefigura otras que aparecerán más tarde. Por ejemplo, Pausanias afirmaba que el «buen» amor despierta en el amado el deseo de favorecer al amante, y Agatón le aporta la idea de que en el amor vale todo, siempre y cuando haya mutuo consentimiento. Cuando le atribuye al amor las cualidades del valor y la moderación, recordamos el discurso del marcial Fedro y del puritano Pausanias. También apunta a las virtudes que, según veremos, caracterizan a Sócrates.

La novedad es el hincapié en la belleza y en la capacidad del amor de brindar fama y éxito. Ninguno de los anteriores participantes ha mencionado la relación entre la belleza y el amor, un aspecto de innegable importancia. Por un lado, no se puede negar que lo que nos atrae de las personas a las que amamos es la belleza, pues, como se suele decir, la belleza está en los ojos de quien mira. No obstante, Agatón se hace eco de una idea que ya había esbozado Pausanias y que Sócrates retomará más tarde con la teoría de Diotima: el amor comienza con la atracción física.

Por otro lado, el concepto de que el amor genera tanto descendencia como obras creativas es central en la teoría de Diotima y en su definición de un amor cuyos cimientos son la creatividad y la belleza. Al principio de la obra leemos que el amor es inspiración, sin embargo ahora se nos dice que el resultado de esa inspiración no tiene que ser la muerte, como apunta Fedro, o el deseo de armonía y plenitud del que hablan en distintos sentidos Erixímaco y Aristófanes. Agatón, el dramaturgo de éxito, nos recuerda que hay piezas que sobreviven a su autor y que solo las que tienen el toque de Eros adquieren fama eterna. Sin duda, la referencia de Agatón a las cualidades eternas del gran arte inspirado por el amor es una alusión de Platón al diálogo que está escribiendo.

DISCURSO DE AGATÓN

A. [...] Eros es en verdad el más joven y delicado de los dioses y, además, es de naturaleza flexible. Si fuera de naturaleza sólida no podría colarse por todas partes ni entrar y salir de las almas sin ser visto. Tiene que ser de naturaleza bien proporcionada y flexible porque es universalmente reconocido por su gracia. Amor está en guerra con la fealdad. Esa hermosa complexión es señal de que vive entre flores: no se instala en un cuerpo o en un alma que estén marchitos o hayan perdido su lozanía. Solo se asienta en lugares floridos y rebosantes de aroma.

    B. Aunque, como es lógico, queda mucho por decir, no me extenderé en la belleza de Amor. Pasaré ahora a hablar de sus excelentes virtudes. La principal es que no daña a los dioses ni a los hombres y tampoco ellos lo dañan. No se le puede obligar a nada porque forzar a Amor es imposible. Tampoco él fuerza a nadie, pues todos le sirven de buen grado y cualquier cosa que dos personas decidan hacer por voluntad propia es justa y correcta según las leyes, que son «lo que rige la ciudad».

Además de justo, también es moderado. La moderación consiste en el control de los placeres y los deseos y, puesto que el mayor placer es el amor, los demás, que son menores, están bajo el gobierno de Eros, de lo que se deduce que su sentido de la moderación es supremo. En cuanto a la valentía, «ni siquiera Ares se resiste» a Amor. Ares no domina a Amor, sino al revés, como sabemos por su mítica devoción por Afrodita. El dominador siempre es más fuerte que el dominado, por lo que si Amor domina al dios al que todos consideran el más valiente será porque es aún más valiente.

C. He mencionado la justicia, la moderación y la valentía de Amor. Ya solo queda hablar de su sabiduría. Empezaré, como Erixímaco, rindiendo homenaje a mi arte. Amor es un poeta tan consumado que a todos vuelve poetas: a quien toca Amor, «incluso si nunca lo ha inspirado la musa», se vuelve poeta. Eso demuestra que domina todas las artes, pues es imposible conceder lo que no se tiene ni enseñar lo que se desconoce. ¿Acaso no es responsable del nacimiento de todos los animales? ¿Acaso los seres no vienen al mundo y crecen gracias a su sabiduría? ¿Acaso no son los artistas inspirados por Amor quienes alcanzan la gloria y la fama, mientras que los ignorados por él languidecen en el anonimato? [...]

D. La musa me inspira a hablaros en verso:

Amor da paz al hombre, a la alta mar da
  calma.
Amansa el fuerte viento, cura el miedo
con el bálsamo de la somnolencia.

Este es el amor que nos libra de la traición y nos colma de afecto, el que nos reúne en veladas como esta, el que se erige en el líder de los festivales, las danzas y los sacrificios. Eros reparte gentileza y prohíbe la grosería, es generoso y afable y nunca malevolente. Está lleno de gracia y dulzura. Los sabios lo admiran, los dioses lo aman, lo envidian quienes no lo conocen, lo atesoran quienes lo poseen. Es el padre de la sutileza, del lujo, de la elegancia, de la seducción, del anhelo, del deseo. Amigo de quien obra bien, enemigo del malhechor. Es nuestra luz y guía, nuestro aliado y salvador, en el trabajo y en la cavilación, en el deseo y en el discurso. Es la flor de los dioses y los hombres, es el mejor y más brillante de los caudillos. ¡Que toda la humanidad siga sus pasos, cante sus alabanzas y se una al coro de las canciones con las que se adueña del ánimo de los dioses y de los hombres! [...]

CAPÍTULO 6

EL AMOR COMO VÍA TRASCENDENTE: *SÓCRATES*

Las palabras de Agatón reciben una cerrada ovación, a pesar de ser (al oído actual) las más artificiosas y retóricas de la velada. No obstante, como veíamos antes, recogen ideas acerca de Eros que figuraban en los discursos previos. ¿Y si en los discursos anteriores (cuyo objeto no era decir la verdad, sino alabar a Eros) hay unas cuantas verdades parciales y provisionales? De ser así, quizá el tema sea más profundo y matizado y convenga profundizar en él.

Sócrates, famoso por decir que solo sabe que no sabe nada, comunica al grupo que su intención es comunicarles nada menos que la verdad sobre el trascendental tema del amor. Al mismo tiempo, confiesa que los conocimientos especiales de los que dispone no proceden de su propio esfuerzo intelectual, sino que los ha aprendido en fecha no especificada de cierta «docta mujer» que responde al nombre de Diotima de Mantinea, de cuya identidad hablaremos más adelante.

Empieza dialogando con los oradores previos y demostrándoles sus errores en ciertas cuestiones clave sobre el tema de la velada. Por ejemplo, consigue que Agatón admita que Eros no puede ser hermoso, porque solo la carencia de belleza conduce al deseo de belleza. También Diotima hace admitir a Sócrates que Amor no puede ser sabio o hermoso ni tampoco ignorante o feo. Las cualidades de Amor indican que no es ni dios ni mortal, sino un *daimon*, una especie de ser espiritual a medio camino entre lo uno y lo otro que cumple la función de médium entre los dioses y los mortales.

Las palabras de Agatón sobre la belleza de Amor son el punto de partida de Diotima. De jóvenes, le explica a Sócrates, nos atrae la belleza física. No obstante, no tardamos en percibir que son muchos los cuerpos dotados de belleza y comenzamos, en la línea de Pausanias, a inclinarnos por la belleza interior más que por el aspecto físico. El amor, como decía Pausanias, despierta el deseo de contribuir al perfeccionamiento de las personas a las que amamos, así como de establecer un vínculo duradero con ellas, es decir, de generar personas u objetos (hijos, ideas o escritos) que nos sobrevivan, inspirados por la persona cuya belleza deseamos. Ascendemos como por una escala de la belleza del cuerpo a la del alma, que es el dominio de la bondad moral. En la última etapa, alcanzamos la plenitud de la belleza y la bondad, que es la Belleza absoluta.

Así, dice Diotima, el amante perfecto contempla la Belleza y la Bondad absolutas, eternas, sin la mácula de la mortalidad y la vida humana. El amor verdadero nos conduce a ese estado de contemplación suprema. Diotima sugiere que el pensamiento de Sócrates no alcanza la revelación final. En realidad, la teoría es una versión de la teoría platónica de las ideas (presentada aquí de manera anacrónica como algo que Sócrates aprende de Diotima), según la cual la auténtica realidad es un reino trascendente de perfección inmutable.

La teoría de Diotima recuerda a Erixímaco y su idea del Amor como principio armonizador universal, pero es mucho más abstracta. Nos aleja de la realidad física y psicológica del amor y nos conduce a una visión filosófica que pocos podrán comunicar y mucho menos comprender. Quizá por eso Platón interrumpe la velada con la tumultuosa irrupción de Alcibíades, cuyo discurso sobre Sócrates, el último y más largo de la obra, cambia de nuevo el tono y reintroduce en el coloquio la perspectiva por completo humana de lo que significa amar y ser amado.

UN PARÉNTESIS: DIOTIMA
Y ASPASIA DE MILETO

A veces se dice que Diotima, debido a su sabiduría visionaria y a un juego de palabras entre *Mantinea* y la palabra griega *mantis* («profetisa»), es una sacerdotisa o vidente, pero *El banquete* no menciona nada de eso. La obra la describe con llamativa meticulosidad como una astuta y elocuente mujer extranjera que «consiguió retrasar diez años la Gran Plaga de Atenas» celebrando u organizando sacrificios públicos. Al no existir pruebas físicas de su existencia, se suele pensar que es un personaje ficticio y que la descripción que Platón ofrece de ella es un simple recurso literario. Sin embargo, es tan prolija que parece un conjunto de pistas que nos dan a entender que el personaje de Diotima está inspirado, al menos en parte, en una mujer real.

Según Platón, en 439 a. C., es decir, diez años antes de la Plaga de Atenas, el político y general ateniense Pericles había cometido el grave pecado de no dar sepultura a los generales enemigos caídos en la conquista de la isla de Samos. A ojos de los griegos, semejante sacrilegio podía desatar la ira de los dioses en forma de epidemia, por lo que era necesario expiarlo. Aspasia de Mileto, pareja de hecho de Pericles durante más de cinco años y figura fundamental en su vida, era la única no ateniense capaz de organizar o celebrar sacrificios públicos en su nombre y en el de Atenas para apaciguar a los dioses. Todo esto, además del significado del nombre Diotima («honrada por Zeus», ver pág. xxvi), establece un claro vínculo entre Aspasia de Mileto y Diotima de Mantinea.

Aspasia fue la mujer más famosa y brillante de su época. Nacida en el seno de una familia aristocrática (que es probable que perteneciera, como la del propio Pericles, al clan de los Alcmeónidas), en 460 a. C. se mudó a Atenas desde Mileto, la ciudad de Asia Menor donde nació.

Sabemos por las fuentes históricas que organizaba reuniones culturales con miembros de la élite ateniense, Sócrates entre ellos, en las que disertaba sobre el amor (algo parecido a lo que hace Diotima, aunque Aspasia desempeñaba la función de terapeuta y consejera matrimonial). Más tarde sedujo a Pericles, de quien fue esposa o compañera de hecho durante más de diez años, hasta que este sucumbió a la peste en 429 a. C. En el diálogo de Platón *Menexeno*, enseña a Sócrates a pronunciar un discurso fúnebre. La obra afirma sin rodeos que es la autora del famoso discurso fúnebre que Pericles pronunció en 430 a. C. (según relata el historiador Tucídides).

Los dramaturgos cómicos de la época, aprovechando las habladurías de que su influencia sobre Pericles era excesiva, la acusaron de instigar la brutal campaña bélica contra Samos (440-339 a. C.) y la posterior guerra del Peloponeso (431-404 a. C.). Los poetas, por su parte, la tacharon de prostituta y la acusaron de proxenetismo. Aunque la mayoría de los historiadores rechazan tales acusaciones, algunos no han sabido resistir la tentación de describirla como *hetaira*, «cortesana», a pesar de que el término no aparece en las fuentes antiguas y está en clara contradicción con el respeto sobrio que prosistas como Platón y Jenofonte muestran por ella.

El propósito de Platón al dejar pistas que apuntan de forma inequívoca a Aspasia sugiere que la consideraba responsable de parte —aunque claramente no de toda— la doctrina del amor que Sócrates atribuye a Diotima. El postulado inicial de la teoría, que el amor comienza con la atracción física y la trasciende después, es comparable a grandes rasgos a lo que sabemos del concepto ético del amor marital del que Aspasia hablaba en sus reuniones. Por otro lado, la patriótica relación con el poderoso Pericles, un hombre que le doblaba la edad y que era famoso por su cráneo deforme, quizá indique un compromiso práctico con dicha teoría. La separación entre el postulado inicial, atribuible a Aspasia, y el «Misterio Mayor» que le sigue se pone de manifiesto cuando

Diotima le dice a Sócrates: «Hasta aquí, incluso tú podrías ser iniciado en las cuestiones del amor» (209e5).

Al tiempo que desarrolla la doctrina de Diotima hasta los peldaños más altos de la «escala del amor», Platón va presentando su famosa teoría de las ideas. Ni Sócrates pudo llegar conocer la teoría que el autor hace exponer a Diotima (y además tampoco habría estado de acuerdo con ella) ni Aspasia pudo formularla. Lo más seguro es que Platón llegara a la razonable conclusión de que, fuera cual fuera la relación de la teoría con el pensamiento de Aspasia, atribuirle un discurso que contuviera esa «teoría superior» era inviable, por lo que decidió inventar al personaje de Diotima.

DISCURSO DE SÓCRATES

A. Los dioses ni son filósofos ni buscan la sabiduría porque ya son sabios. Tampoco las personas sabias. En cuanto a las ignorantes, ni la buscan ni se esfuerzan por adquirirla, pues su mayor defecto es que, sin ser buenos, inteligentes ni juiciosos, están convencidos de que lo son. Quien no sabe lo que le falta no siente la necesidad de buscar eso que no sabe que le falta.

—Ya que ni al sabio ni al ignorante les interesa, ¿quién, pues, Diotima, persigue la verdad? —le pregunté.

—Hasta los niños lo saben —respondió—. Quienes están entre lo uno y lo otro, por ejemplo, Amor.

B. —En la sabiduría hay gran belleza, y amor es por definición amor por lo bello. De este modo, Eros tiene que amar la sabiduría, por lo que está a medio camino entre el sabio y el ignorante. Su nacimiento lo demuestra: procede de un padre sabio e ingenioso y una madre ignorante y tosca. Esa, querido Sócrates, es la naturaleza de la deidad. Tu idea de Eros es un tanto pedestre. De tus palabras deduzco que lo consideras el amado, no el amante, así que te lo imaginas absolutamente bello, pues el amado es lo bello, lo delicado, lo perfecto y lo venturoso, mientras que el amante, como ya te he explicado, es de otra naturaleza [...].

C. —En resumen, el amor se define como el deseo constante de poseer el bien —dijo.

—Estoy de acuerdo —dije yo.

—Por lo tanto, ya que Eros es así, y así ha sido siempre, ¿cuándo y cómo se convierten en amor la pasión y el afán de quienes lo perseguimos? ¿Sabes decirme cómo sucede eso? —preguntó.

—Si lo supiera, Diotima, no estaría aquí atento a tus palabras, admirando tu sabiduría y deseando escuchar de tu boca la respuesta —dije.

—En ese caso, te responderé. El amor es nacer en la belleza, cuerpo y alma.

—¡Para entender tus palabras tendría yo que ser adivino! —protesté.

—Permíteme que te lo aclare. Los seres humanos nacen con el instinto de procrear tanto en el cuerpo como en el alma. Llegado el momento, es natural que deseen hacerlo. No obstante, en lo feo es imposible procrear. Solo procreamos en lo bello. La unión del hombre y la mujer conduce a la procreación, que es una obra divina pues la gestación y el alumbramiento hacen inmortales a los seres de naturaleza, por lo demás mortales. Pero esto no puede darse en lo que está en desarmonía. Lo feo no armoniza con lo divino; lo bello sí [...].

D. Nos iniciamos en la vía del amor cuando de jóvenes amamos los cuerpos bellos. Si contamos con los consejos de un buen guía, al principio nos enamoraremos de un solo cuerpo y, de manera conjunta, generaremos pensamientos bellos. Después tomaremos consciencia de que la belleza de un cuerpo es la misma que la de otro y comprenderemos que, si perseguimos la belleza, es de necios no darse cuenta de que todos los cuerpos bellos participan de una sola y única belleza. En consecuencia, nos enamoraremos de todos los cuerpos bellos y abandonaremos la pasión por uno solo, al que a partir de entonces consideraremos un sentimiento insignificante y banal.

La siguiente etapa es tomar conciencia de que la belleza del alma es superior a la del cuerpo, por lo que un alma bella, aunque no vaya acompañada de un físico agraciado, es motivo más que suficiente para amar a alguien, apreciarlo y generar en su compañía pensamientos bellos que ayuden a los jóvenes a perfeccionarse. A partir de ahí, se verá llevado a contemplar la belleza presente en las prácticas sociales y en las leyes, y reconocerá que esa belleza es de una misma estirpe con la anterior, y que la corporal, en comparación, es algo menor.

E. Después de las normas e instituciones sociales, el guía dirigirá la atención del amante hacia las ciencias para que aprenda a reconocer la belleza que contienen y que la contemplación de su diversidad lo motive a dejar de servir de manera vil y con espíritu mezquino a un único joven o una única persona bella. En lugar de eso, se enfrentará con los ojos bien abiertos a la alta mar de la belleza de modo que, gracias al inquebrantable amor por la sabiduría, genere pensamientos sutiles y nobles que le den fuerza y vigor y le permitan disfrutar de la contemplación de la ciencia única de la belleza, que paso a describirte a continuación.

—Atiende, Sócrates, a mis palabras —dijo Diotima—. Llegados a este punto, quien se haya educado en el amor por medio de la observación ordenada y correcta de lo bello arribará a la etapa final de la iniciación, en la que descubrirá algo de una belleza maravillosa. Ese era, Sócrates, el objetivo original del arduo recorrido. Ese algo es, en primer lugar, eterno e inmutable y ni nace ni perece. En segundo lugar, no es bello en un aspecto y feo en otro, ni bello en ciertos momentos y no en otros, ni bello por un motivo y feo por otro, ni bello en un lugar y feo en otro.

F. El iniciado ya no percibirá la belleza en un rostro o unas manos o cualquier otra parte del cuerpo, ni en un razonamiento o una ciencia o en una característica de cualquier criatura que camina por la tierra o surca el cielo. Por el contrario, percibirá la Belleza en sí, eterna, absoluta e independiente, de la que participa todo lo bello de tal manera que, mientras los seres nacen y mueren, ella no crece ni mengua ni cambia.

Así, cuando se han recorrido todas las etapas por medio del amor correcto a los jóvenes y se divisa la Belleza absoluta, es que el final del camino está ya cerca. En efecto, la vía que conduce a la Belleza, que unos recorren por sus propios medios y otros con la ayuda de un maestro, es la siguiente: se comienza por la belleza terrenal y se asciende por ella como por una escala con la mirada fija en la belleza superior, de un cuerpo bello a dos y de dos a todos, y de ahí a la bella conducta, y de ahí al bello conocimiento, y de ahí a la bella ciencia, que no es otra cosa que la contemplación de la Belleza absoluta, cuya esencia se aprehende por fin.

G. —Esta, querido Sócrates —dijo la de Mantinea—, es la vida que merece la pena vivir. Una vida consagrada a la contemplación de la Belleza absoluta. Si llegas a verla, no tardarás en darte cuenta de que es superior con mucho al oro, a los vestidos y a la belleza de los jóvenes y adolescentes que, a ti y a tantos otros, dejan extasiados, al punto de que serías capaz de renunciar a comer y beber con tal de contemplarlos y pasar cada minuto en su compañía.

»Pero ¿qué crees que sucedería si te fuera dado contemplar la Belleza absoluta, pura, simple, virgen, no mancillada por la carne humana, el color y demás vanidades mortales? ¿Qué crees que sucedería si se te concediera contemplar la Belleza divina en su forma simple y única? ¿Crees que vivirías una vida vulgar y corriente si pudieras, no ya contemplarla, sino participar de ella? ¿Te das cuenta de que si solo percibieras la belleza a través del medio que la hace visible, dejarías de generar imágenes de virtud, pues no estarías en contacto con meras imágenes, sino con virtudes verdaderas, pues estarías en contacto con la verdad? Y, después de generar y alimentar esas virtudes verdaderas, ¿no te parece que serías amado de verdad por los dioses y que incluso podrías aspirar a tanta inmortalidad como puede aspirar un simple mortal?

CAPÍTULO 7

EL AMOR COMO ENCARNACIÓN
DEL SER AMADO: *ALCIBÍADES*

Dicen que lo más bello
sobre esta negra tierra
es una escuadra de caballería,
soldados desfilando
o una armada de guerra.
Yo digo que es aquello que uno ama.

Safo (fr. 16.1-4)

Cuando Sócrates termina de narrar la revelación mística de la verdad sobre el amor de Diotima, Alcibíades entra en escena de manera estruendosa y se lanza a un apasionado elogio de Sócrates. Su enamorada descripción del carácter de Sócrates devuelve el tono de la reunión de lo metafísico a lo personal. Describe a su maestro como un hombre que inspira y ofrece un amor supremo. Sócrates es de aspecto desabrido, cuenta Alcibíades, tiene la nariz chata y los ojos saltones, pero alberga en el interior la belleza verdadera.

Alcibíades cuenta que Sócrates se negó a tener relaciones sexuales con él, a pesar de ser joven y bello, porque amaba solo su alma. La templanza del anciano filósofo se revela también en la guerra, cuando camina descalzo por la nieve y el hielo y soporta el hambre y el frío sin inmutarse. Es alguien a quien se puede amar y admirar sin reservas, dice Alcibíades. Alguien que corresponde con un amor puro e incondicional.

La descripción de Alcibíades recoge muchos temas de los otros discursos. Como esperaría Fedro de un amante, Sócrates arriesga la vida para salvar a su querido amigo durante una batalla. Al renunciar a los favores sexuales del joven Alcibíades y preocuparse solo por su perfeccionamiento, practica el amor de la Afrodita del cielo mencionada por Pausanias. Al armonizar la comida, la bebida y el ejercicio físico encarna el paradigma de la clase de salud que el médico Erixímaco aprobaría. En cuanto a la otra mitad que completa la naturaleza del ser humano primigenio de la que hablaba Aristófanes en tono cómico, Alcibíades, joven, ambicioso, astuto y orgulloso de sus dotes militares, se presenta a sí mismo como el *alter ego* del filósofo. Sócrates, además, es un iniciado en la vía de la sabiduría, pero Alcibíades lamenta con tristeza no haber llegado a ser tan virtuoso como su maestro y amigo habría deseado.

Sócrates también es una fuente de bondad y de creatividad, cualidades que Agatón atribuía a Eros. A la llegada del filósofo a casa de Agatón, donde tiene lugar el debate, el dramaturgo comenta entre risas que quizá sentándose a su lado consiga adquirir algo de sabiduría. Sócrates le responde que eso no es posible, pues la sabiduría no pasa de persona a persona como el agua por una hebra de lana (en virtud de lo que hoy conocemos como capilaridad). Alcibíades, por su parte, afirma que, en la compañía de Sócrates, siempre ha sido capaz de concentrarse en asuntos elevados y lamenta que cuando se apartó de su buena influencia empezó a cometer errores.

Los lectores de la época eran conscientes de que se refiere a que se pasó temporalmente al bando espartano durante la guerra del Peloponeso (431-404 a. C.) y las funestas consecuencias que ello acarreó para la causa ateniense, lo cual lo convertía a sus ojos en un personaje ambiguo en el mejor de los casos y en el peor en un despreciable traidor. Platón intenta absolver a Sócrates de toda responsabilidad en la conducta de Alcibíades, haciendo que este niegue cualquier tipo de influencia de aquel en las decisiones por las que se le critica. Esas decisiones, no obstante, fueron uno de los cargos, junto con el de «corromper a los jóvenes», por los que se juzgó, condenó y ejecutó a Sócrates en 399 a. C.

Los atenienses consideraban a dichos jóvenes, como al propio Alcibíades, hostiles a la constitución democrática de la *polis*. Platón ya ha aclarado por boca de Diotima que Sócrates no es un corruptor de menores (ver la sección D del discurso de Sócrates), ni en lo sexual ni en lo político: «El siguiente paso es tomar conciencia de que la belleza del alma es superior a la del cuerpo, por lo que, un alma bella, aunque no vaya acompañada de un físico muy agraciado, es motivo suficiente para amar a alguien, apreciarlo y generar en su compañía pensamientos bellos que *ayuden a los jóvenes a perfeccionarse*. Estos, a su vez, se verán obligados a reparar en *la belleza e interconexión de las normas e instituciones sociales* y *aprenderán que la belleza física es insignificante*» (las cursivas son mías). El objetivo del discurso de Alcibíades es demostrar de manera fehaciente la inocencia de Sócrates.

La obra deja a los lectores ante un dilema de difícil solución. ¿Qué concepto del amor espera Platón que aceptemos, el de Sócrates o el de Alcibíades? En la literatura griega se suele considerar que el orador que interviene en último lugar tiene la última palabra. ¿Significa eso que Platón quiere que prefiramos la imagen humana de la amistad íntima que describe Alcibíades a la elevada metafísica del discurso de Sócrates?

Quizá sea posible una opción intermedia. Nosotros podemos seguir investigando sobre el significado del amor, pero la filosofía tiene un límite. El análisis racional suele verse superado por los sentimientos personales y la experiencia vivida. Sin embargo, pensar, y dialogar, sobre el significado del amor forma parte de esa experiencia. Ese es el camino que nos invita a seguir *El banquete* de Platón.

DISCURSO DE ALCIBÍADES

A. Invité a Sócrates a cenar como un amante tiende una trampa a su amado. Se resistió al principio, pero acabó cediendo. La primera noche, en cuanto terminó de cenar se levantó para marcharse y a mí me dio vergüenza pedirle que se quedara. La siguiente vez estuve más astuto. Después de la cena, lo entretuve conversando hasta muy entrada la noche y, cuando vi que se disponía a marcharse, lo convencí de que se quedara a dormir con la excusa de la hora. Se acostó en el diván contiguo al mío, el mismo en el que había cenado. Estábamos solos.

Hasta este momento, el relato que les estoy contando es apto para todos los públicos, pero lo que viene ahora no lo oirían de mi boca si no hubiera bebido tanto. En fin, como se suele decir, los borrachos y los niños dicen siempre la verdad.

Además, estando como estoy a punto de cantar las alabanzas de Sócrates, no me parece bien callarme los pormenores de su virtuosa conducta. Por otra parte, me sucede lo mismo que a quien le pica una serpiente, que no quiere contárselo a nadie excepto a otra persona que haya vivido lo mismo porque cree que es la única que comprende y perdona cualquier barbaridad que diga o haga a causa del dolor.

B. Pues bien, a mí me ha mordido algo peor que una serpiente y, además, en lo más vivo. Me han atravesado el corazón, o el alma, como prefieran, las flechas de la filosofía, más puntiagudas que los colmillos de una serpiente. Se clavan en el ánimo de los jóvenes sensibles, que por su causa hacen y dicen de todo. ¡Lo digo por ustedes, Agatón, Erixímaco, Pausanias, Aristodemo y Aristófanes! Y no me olvido del mismo Sócrates ni del resto de los aquí presentes. Óiganme, pues han vivido el éxtasis y la pasión de la filosofía. Sé que me perdonarán los errores de antaño y lo que voy a decir ahora. Eso sí, que se tapen los oídos los criados y los ignorantes y faltos de clemencia.

C. Continuaré relatando que cuando ya estaban las lámparas apagadas y los criados en sus habitaciones, decidí dejar de andarme con rodeos e ir al grano. Lo sacudí con suavidad y le pregunté si dormía. Me respondió que no.

—¿Sabes lo que pienso? —le pregunté.

—No. ¿Qué es? —respondió.

—Pienso que de todos mis amados tú eres el único digno de mí. Sin embargo, creo que no te decides a tomar lo que es tuyo. Y te digo que sería tonto de mi parte no concederte ese favor o cualquier otro que necesitaras, tanto de mí como de mis amigos. Mi objetivo es llegar a ser la mejor persona posible y nadie mejor que tú para acompañarme en el proceso. Me avergüenza que la gente a la que respeto piense que me he negado a complacerte, no que la necia muchedumbre piense que he accedido a hacerlo.

D. Sócrates me respondió con su habitual ironía.

—Querido Alcibíades, me sorprendería mucho que tus palabras fueran ciertas y estuviera yo en posesión de una especie de poder con el que hacer de ti la mejor persona posible. Eso querría decir que ves en mí una belleza excepcional, muy superior a tu propia apariencia. Si fuera así, cambiar mi belleza por la tuya sería estafarme, pues adquirirías verdadera belleza a cambio de belleza superficial, y eso es cambiar oro por bronce.

»Por eso, amigo mío, recapacita, no sea que acabes dándote cuenta de que no soy para tanto. Se dice que la visión de la mente comienza a ser más aguda cuando la de los ojos empieza a debilitarse, pero tú aún eres muy joven para eso.

E. —Solo te digo lo que siento y nada más que lo que pienso. Te dejo a ti la tarea de decidir qué es lo mejor para ambos —dije yo.

—De acuerdo. A su debido tiempo lo dilucidaremos tanto en esta como en otras circunstancias —replicó.

Creí entonces que mis flechas habían dado en el blanco. Me puse en pie y sin dejarle decir una sola palabra más, lo envolví en mi manto, pues era invierno, me arrebujé bajo la sencilla túnica de ese hombre divino y admirable y pasé allí la noche, no lo niegues, Sócrates. Él, por su parte, no me hizo el más mínimo caso. Se burló de mi belleza, de la que tanto me enorgullecía, y la despreció. Señores del tribunal, pues les nombre a los aquí presentes jueces de la altivez de Sócrates, les aseguro, y los dioses son testigos, que me levanté al amanecer como si hubiera dormido con mi hermano o con mi padre.

F. ¿Cómo creen que me sentí? Por un lado, rechazado, pero, por el otro, admirado de su autocontrol y su firmeza. Nunca pensé que daría con un hombre tan prudente y determinado. No me veía capaz de enfadarme con él y deseaba su constante compañía, a pesar de que ya no me quedaban esperanzas de conquistarlo. Era consciente de que era más invulnerable al oro que Áyax al acero y que, por mucho que intentara seducirlo, él encontraría siempre la manera de escurrírseme entre los dedos. Andaba desesperado y fascinado por él como jamás ningún hombre lo ha estado por otro.

G. Tiempo después combatimos hombro con hombro en la campaña de Potidea, en la que destacó por soportar mejor que nadie, yo mismo incluido, las penalidades de la guerra. Cuando un corte de la línea de suministros nos dejaba sin víveres, como sucede a menudo en campaña, cada cual resistía el hambre como mejor podía, pero nadie mejor que él. Eso sí, cada vez que había ocasión de celebrar un festín, se divertía más que nadie. Y aunque no bebía, si lo obligaban, los dejaba a todos debajo de la mesa. Lo más extraordinario es que nunca lo vimos borracho. Eso comprobarán ustedes mismos en breve.

H. También destacaba por su admirable capacidad de soportar el terrible frío de los inviernos de aquella región. Cuando mordía la escarcha y los soldados se quedaban en las tiendas o, si se aventuraban a salir, lo hacían cubiertos de arriba abajo y con los pies envueltos en fieltro y pieles de oveja, Sócrates los acompañaba vestido con la túnica de siempre y caminaba descalzo por el hielo mejor que los demás calzados. Muchos lo miraban mal porque se sentían menospreciados.

I. Escuchen «a cuánto se atrevió el valiente varón» cierta mañana. Se pasó desde el amanecer hasta mediodía absorto en sus pensamientos, concentrado en algo que no conseguía solucionar. Los soldados estaban pasmados y se corrió la voz de que llevaba allí de pie desde el alba. Cuando se puso el sol y se sirvió la cena, unos soldados jonios sacaron los petates para dormir fuera, pues era verano, pero también para ver si era capaz de pasar de pie toda la noche. Así fue. Siguió así hasta que se hizo de día y, tras ofrecer una oración al sol, volvió a sus quehaceres.

J. Hablaré también de su valor en combate, pues también en eso es digno de elogio. El día de la batalla en la que los generales me condecoraron por mi valor, quien me salvó no fue otro que Sócrates que, al tanto de que me habían herido, se negó a abandonarme y cargó no solo conmigo, sino también con mis armas. Pedí de mil formas que te condecoraran a ti, Sócrates, nada tienes que reprocharme en esto ni puedes acusarme de mentir, pero al final fui yo quien se llevó la medalla a causa de mi prestigio y de mi nombre. En realidad, insististe en que me condecoraran a mí en vez de a ti.

Amigos, me gustaría que lo hubieran visto el día que el ejército huía de Delio. Yo luchaba a caballo y él vestía la armadura de los hoplitas. Nuestros soldados se habían dispersado y él se replegaba con el general Laques. Me crucé con ellos por casualidad, les grité que avanzaran y les prometí que no los abandonaría.

K. Aquel día pude verlo en acción mucho mejor que en Potidea, pues yo iba a caballo y corría menos peligro. Para empezar, tenía más dominio de sí mismo que el mismo Laques. Además, me fijé en que, por utilizar tus palabras, Aristófanes, caminaba por allí igual que lo hace por aquí,

Sigiloso, a zancadas igual que los pelícanos
y lanzando miradas a diestra y a siniestra.

Observaba imperturbable a amigos y enemigos y se veía de lejos que quien se atreviera a atacarle se las vería con él. Por eso tanto él como Laques salieron de allí con vida. En batalla, los soldados no suelen entablar combate con quienes se comportan de ese modo, pues es más fácil perseguir a los que huyen a la desbandada.

Hay muchas razones por las que alabar a Sócrates. Quizá mucho de lo bueno que se dice de él se pueda decir de otras personas. No obstante, su cualidad más extraordinaria es no parecerse a ningún hombre ni de la antigüedad ni del presente, y eso solo debería despertar admiración y respeto [...].

LECTURAS RECOMENDADAS

ALLAN, W., *Classical Literature: A Very Short Introduction*, Londres, Oxford University Press, 2014.

BENARDETE, S., *Plato's Symposium: A Translation*, con comentarios de Allan Bloom y Seth Benardete, Chicago, University of Chicago Press, 2001.

BLONDELL, R., *The Play of Character in Plato's Dialogues*, Cambridge, Cambridge University Press, 2002.

D'ANGOUR, A., *Socrates in Love: The Making of a Philosopher*, Londres, Bloomsbury, 2019.

DAVIDSON, J., *The Greeks and Greek Love*, Londres, Weidenfeld and Nicolson, 2008.

GUTHRIE, W. K. C., *A History of Greek Philosophy*, vol. 4, *Plato, the Man and His Dialogues*, Cambridge, Cambridge University Press, 1975.

HUGHES, B., *The Hemlock Cup: Socrates, Athens and the Search for the Good Life*, Jonathan Cape, Londres, 2011.

HUNTER, R., *Plato's Symposium*, Oxford, Oxford University Press, 2004.

LEAR, J., *Open Minded: Working Out the Logic of the Soul*, Cambridge, Harvard University Press, 1999.

LESHER, J., D. NAILS y F. SHEFFIELD (eds.), *Plato's Symposium: Issues in Interpretation and Reception*, Washington, Center for Hellenic Studies, 2006.

MAY, S., *Love: A History*, New Haven, Yale University Press, 2011.

NEHAMAS, A., y P. WOODRUFF, *Plato, Symposium*, Hackett Publishing, 1989.

NUSSBAUM, M., *The Fragility of Goodness*, Cambridge, Cambridge University Press, 1986.

ROWE, C., *Plato: Symposium*, Oxford, Aris and Phillips, 1998.

—, *Plato: Phaedrus*, Londres, Penguin, 2005.

SCOTT, G. A., y W. A. WELTON, *Erotic Wisdom: Philosophy and Intermediacy in Plato's Symposium*, Albany, State University of New York Press, 2008.

SHEFFIELD, F., *Plato's Symposium: The Ethics of Desire*, Oxford, Oxford University Press, 2006.

WATERFIELD, R., *Why Socrates Died: Dispelling the Myths*, Nueva York, W. W. Norton & Co., 2009.

WEST, M. L., trad. *Greek Lyric Poetry: The Poems and Fragments of the Greek Iambic, Elegiac, and Melic Poets (Excluding Pindar and Bacchylides) down to 450 B.C.*, Oxford, Clarendon Press, 1999.